Ditos de luz e amor

Dados Internacionais de Catalogação na Publicação (CIP)
(Câmara Brasileira do Livro, SP, Brasil)

Cruz, São João da, 1542-1591
Ditos de luz e amor / São João da Cruz ; tradução das carmelitas descalças do Convento de Santa Teresa, do Rio de Janeiro. – 168. ed. – Petrópolis, RJ : Vozes, 2025.

Título original: Dichos de luz y amor.
ISBN 978-85-326-7118-9

1. Espiritualidade – Cristianismo 2. Igreja Católica 3. João da Cruz, Santo, 1542-1591 I. Título.

25-265529 CDD-248

Índices para catálogo sistemático:
1. Espiritualidade : Cristianismo 248

Eliete Marques da Silva – Bibliotecária – CRB-8/9380

Ditos de luz e amor

São João da Cruz

Tradução das carmelitas descalças do Convento de Santa Teresa, Rio de Janeiro

EDITORA VOZES

Petrópolis

Tradução do original em espanhol intitulado *Obras Completas de San Juan de la Cruz*.

Texto extraído das *Obras Completas de São João da Cruz*, Petrópolis, Vozes, em coedição com Carmelo Descalço do Brasil, 7. ed., 2002, organizadas por Frei Patrício Sciadini, O.C.D., p. 91-111.

Texto Base original

Obras Completas de San Juan de la Cruz (Texto crítico-popular), editadas por P. Simeón de la Sagrada Família, O.C.D., Burgos, Tipografia da Editora "El Monte Carmelo", 1972

Rua Frei Luís, 100
25689-900 Petrópolis, RJ
www.vozes.com.br
Brasil

Diagramação: Editora Vozes
Revisão gráfica: Fernando Sergio Olivetti da Rocha
Capa: Luana Luna do Estúdio ao Quadrado

ISBN 978-85-326-7118-9

Este livro foi composto e impresso pela Editora Vozes Ltda.

Sumário

Introdução , 7

[a] [A Francisca da Mãe de Deus, carmelita descalça em Beas] Jesus Maria, 9

[Prólogo], 11

[b] [Às carmelitas descalças de Beas] Pontos de Amor, 63

[c] [Copiados por Madalena do Espírito Santo, carmelita descalça de Beas], 111

Outro aviso para vencer os apetites, 115

Para a concupiscência, 119

[d] [A Madalena do Espírito Santo – Beas], 121

[e] [Conservados pela Me. Maria de Jesus], 125

[f] [Outros avisos], 129

[g] [Algumas coleções de avisos perdidas], 137

Introdução*

[Os "bilhetes espirituais" ou "pontos de perfeição" – sublimes "ditos de luz e amor" – que São João da Cruz costumava deixar – ou soltos ou em pequenas coleções – às suas dirigidas para que, em sua ausência, continuassem ruminando, com a meditação e afeto, os ensinamentos espirituais recebidos, constituem a

* Respeitaram-se as variações de tratamento por fidelidade ao texto original, salvo modificações nos n. 147 e 153, necessárias para maior clareza [N.T.].

matéria desta subdivisão de parágrafo. Deixando de lado as várias coleções de avisos e sentenças sanjuanistas, artificiosamente compostas dos diversos escritos do Santo, que aconteciam ser publicados em termos passados, aceitamos em nossa edição unicamente os avisos autógrafos do místico Doutor, que, todavia, se veneram, e aqueles outros cuja origem formalmente sanjuanista está abonado pelo testemunho de antigos códices ou pessoas fidedignas].

[a] [A Francisca da Mãe de Deus, carmelita descalça em Beas]

Jesus Maria

Este pequeno tratado nosso Padre Fr. João da Cruz deu a Me. Francisca da Mãe de Deus, monja de Beas.

[Prólogo]

Também, ó Deus e deleite meu, a estes ditos de luz e amor teu quis a minha alma, por amor de ti, dedicar-se; tendo, porém, a língua deles, não tenho as suas obras e virtude, que é onde, Senhor meu, te deleitas (mais do que na linguagem e sabedoria que encerram); talvez outras pessoas, impelidas por estas sentenças, possam aproveitar em teu serviço e amor naquilo que falho; e, assim, a minha alma consolar-se-á em ter sido ocasião de encontrares noutras o que nela falta.

Amas, Senhor, a prudência, amas a luz, amas o amor mais do que todas as operações da alma. Por isso estes ditos serão de prudência no caminhar, de luz para o caminho e de amor no caminhar.

Fique longe, pois, a retórica do mundo! Deixem-se de lado o palavreado e a eloquência árida da humana sabedoria, fraca e engenhosa de que não gostas nunca, e falemos ao coração palavras banhadas de doçura e amor, de que tanto gostas, evitando, quem sabe, ofensas e tropeços a muitas almas que tropeçam por ignorância e, por ignorância, vão errando – pensando que acertam – ao seguir o teu dulcíssimo Filho, Nosso Senhor Jesus Cristo, e a assemelhar-se com Ele em sua vida, condições e virtudes e na desnudez e pureza de seu espírito. Mas dá-lho tu, *Pai de Misericórdia* (2Cor 1,3), pois sem ti, Senhor, nada se fará.

1. O Senhor sempre revelou aos mortais os tesouros de sua sabedoria e espírito; mas agora, em que a malícia mais vai-se mostrando, muito mais ainda os revela.

2. Ó Senhor, Deus meu! Quem te buscará com amor puro e singelo que deixe de imaginar muito a seu gosto e vontade, pois que és Tu o primeiro a mostrar-te e sais ao encontro daqueles que te desejam?

3. Ainda que o caminho seja plano e suave para os homens de boa vontade, o caminhante avançará pouco e custosamente se não tiver boas pernas e ânimo, e nisso mesmo com animosa porfia.

4. Mais vale estar carregado junto do forte que aliviado junto do fraco: quando estás carregado, estás junto de Deus, que é a tua fortaleza e está com os atribulados; quando estás aliviado, estás contigo mesmo, que és a tua própria fraqueza, porque a virtude e força da alma crescem e confirmam-se nos trabalhos de paciência.

5. Aquele que quiser estar só e sem arrimo de mestre e guia, será como a árvore do campo, isolada e sem dono, que por mais frutos que dê, os viandantes os colhem antes de amadurecerem.

6. A árvore cultivada e zelada com o benefício de seu dono, dá o fruto no tempo que dela se espera.

7. A alma virtuosa, mas, sozinha e sem mestre, é como o carvão aceso que está isolado: antes se vai esfriando do que acendendo.

8. O que cai, estando só, caído a sós fica e pouco considera a sua alma, pois que a si unicamente a confiou.

9. Se não temes cair sozinho, como presumes levantar-te só? Olha que mais podem dois juntos que um sozinho.

10. O que cai carregado, dificultosamente se levantará estando carregado.

11. O que, sendo cego, cai, não se levantará sozinho; e, se acaso se levantar, encaminhar-se-á por onde não lhe convém.

12. Deus prefere em ti o menor grau de pureza de consciência a quantas obras puderes fazer.

13. Deus quer de ti antes o menor grau de obediência e sujeição do que todos esses serviços que pensas prestar-lhe.

14. Mais estima Deus em ti o inclinares-te à secura e a padeceres por seu amor, que todas as consolações, visões espirituais e meditações que possas ter.

15. Nega os teus desejos e encontrarás o que deseja o teu coração. Como sabes se teu apetite é conforme a Deus?

16. Ó dulcíssimo amor de Deus, mal conhecido! Quem te encontrou a fonte, repousou.

17. Ainda que dupla amargura te perseguisse por fazeres a tua vontade, não a queiras fazer, mesmo que fiques em amargura.

18. Mais indecência e impureza tem a alma que leva em si, ao ir a Deus, o mínimo apetite às coisas do mundo, do que se fosse carregada de todas as feias e molestas tentações que se possam imaginar, contanto que a sua vontade racional não as queira admitir. E até com elas a alma pode aproximar-se confiante de Deus, pois cumpre assim a vontade de Sua Majestade que disse: Vinde a mim todos os que estais sobrecarregados e eu vos aliviarei (Mt 11,28).

19. Mais agrada a Deus a alma que em aridez e trabalhos se sujeita à razão, do que aquela que, faltando-lhe isto, todas as coisas faz na consolação.

20. Mais agrada a Deus uma obra, por pequena que seja, feita às escondidas e sem pretensão de que se saiba, do que mil feitas com desejos de que os homens as saibam; pois quem trabalha por Deus com amor puríssimo, não somente não se lhe dá que os homens o vejam, mas nem mesmo faz as obras para que as saiba o próprio Deus; e ainda que nunca Ele as viesse saber, não deixaria de prestar-lhe os mesmos serviços, e isto com a mesma alegria e pureza de amor.

21. A obra pura e inteiramente feita por Deus em seio puro, transforma-se em reino inteiro para o seu Senhor.

22. Duas vezes trabalha o pássaro que se deixa prender ao visco, a saber: o libertar-se e limpar-se; de duas maneiras sofre quem satisfaz seus apetites: libertar-se e, depois de liberto, limpar-se do que se lhe pegou.

23. O que não se deixa levar pelos apetites, voa ligeiro segundo o espírito, tal como a ave a que não faltam penas.

24. A mosca que pousa no mel o seu voo impede; a alma que quer estar apegada ao sabor do espírito impede a sua liberdade e contemplação.

25. Não tenhas presentes em ti as criaturas se queres guardar em tua alma a imagem clara e simples de Deus; mas esvazia e afasta delas o espírito, pois Deus não lhes é semelhante, e andarás na luz divina.

26. Oração da Alma Enamorada: Senhor Deus, amado meu! Se ainda te recordas dos meus pecados, para não fazeres o que ando pedindo, faze neles, Deus meu, a tua vontade, pois é o que mais quero, e exerce neles a tua bondade e misericórdia e serás neles conhecido. Mas se esperas por obras minhas para, por esse meio, atenderes os meus rogos, dá-mas Tu e opera-as Tu por mim, assim como as penas que quiseres aceitar e faça-se. Mas se pelas minhas obras não esperas, por que esperas, clementíssimo Senhor meu? Por que tardas? Já que, enfim, há de ser graça e misericórdia o que em teu Filho te peço, toma as minhas moedinhas, pois as queres, e dá-me este bem, pois que Tu também o queres.

Quem se poderá libertar dos modos e termos baixos se não o levantas Tu a ti em pureza de amor, Deus meu? Como se elevará a ti o homem, gerado e criado em torpezas, se não o levantares

Tu, Senhor, com a mão com que o fizeste? Não me tirarás, Deus meu, o que uma vez me deste em teu único Filho, Jesus Cristo, em quem me deste tudo quanto quero; por isso confio que não tardarás, se espero.

Com que dilações esperas, se desde já podes amar a Deus em teu coração?

Os céus são meus e minha a terra; minhas são as criaturas, os justos são meus e meus os pecadores; os anjos são meus e a Mãe de Deus e todas as coisas são minhas; e o próprio Deus é meu e para mim, porque Cristo é meu e todo para mim (cf. 1Cor 3,22-23).

Que pedes, pois, e buscas, alma minha? Tudo isto é teu e tudo para ti. Não te rebaixes, nem atentes às migalhas caídas da mesa de teu Pai. Sai de ti e gloria-te da tua glória. Esconde-te nela e goza, e alcançarás o que pede teu coração (cf. Sl 36,4).

27. O espírito bem puro não se mescla a estranhas advertências nem respeitos humanos; mas só, na solidão de todas as coisas, comunica-se interiormente com Deus num sossego saboroso, pois o seu conhecimento é em silêncio divino.

28. A alma enamorada é suave, mansa, humilde e paciente.

29. A alma dura, em seu amor-próprio se endurece. Se Tu não suavizas a alma no teu amor, ó bom Jesus, ela perseverará sempre em sua natural dureza.

30. O que perde a ocasião, é como o que solta da mão a ave que não voltará a apanhar.

31. Eu não te conhecia, Senhor meu, porque ainda queria saber das coisas e saboreá-las.

32. Mude-se tudo em boa hora, Senhor Deus, para que encontremos assento em ti.

33. Um só pensamento do homem vale mais do que o mundo todo; portanto, só Deus é digno dele.

34. Para o insensível, o que não sentes; para o sensível, o sentido; e para o espírito de Deus, o pensamento.

35. Olha que teu anjo da guarda nem sempre move o apetite a agir, embora sempre ilumine a razão. Portanto, não esperes pelo gosto para praticar a virtude; que te baste a razão e o entendimento.

36. Quando o apetite está posto em outra coisa, não dá lugar a que o anjo o mova.

37. Árido está o meu espírito, porque se esquece de apascentar-se em ti.

38. O que pretendes e o que mais desejas não o conseguirás por esse teu caminho nem pela alta contemplação, mas sim em muita humildade e submissão de coração.

39. Não te canses, pois não entrarás no sabor e suavidade do espírito se não te deres à mortificação de tudo isso que queres.

40. Considera que a flor mais delicada, mais depressa fenece e perde o perfume; guarda-te, portanto, de querer caminhar pelo espírito de sabor, porque não serás constante; mas escolhe para ti um espírito forte, não apegado a coisa alguma, e encontrarás doçura e paz em abundância; porque a fruta mais saborosa e duradoura colhe-se em terra fria e seca.

41. Lembra-te que a tua carne é fraca e que coisa alguma deste mundo pode te dar ao espírito fortaleza e consolação, porque o que nasce do mundo, mundo é, e o que nasce da carne é carne, e o bom espírito nasce somente do espírito de Deus (cf. Jo 3,6), que não se comunica nem pelo mundo nem pela carne.

42. Entra em conta com a tua razão para fazeres o que ela te disser no caminho para Deus; e isto valerá mais para ti diante do teu Deus, que todas as obras que sem essa advertência fizeres e que todos os sabores espirituais que pretendes.

43. Bem-aventurado o que, pondo de lado gosto e inclinação, vê as coisas na razão e na justiça para fazê-las.

44. Aquele que age pela razão é como o que come substância; e o que se move pelo gosto da vontade é como o que come fruta mole.

45. Tu, Senhor, voltas com alegria e amor a levantar o que te ofende, e eu não torno a reabilitar e a honrar quem me irrita.

46. Ó poderoso Senhor, se uma centelha do império de tua justiça faz tanto no príncipe mortal, que governa e move as criaturas, o que não fará a tua onipotente justiça sobre o justo e o pecador?

47. Se purificares a alma de estranhas posses e apetites, entenderás as coisas em espírito; e, se nelas negares o apetite, gozarás da verdade delas, entendendo nelas o que é certo.

48. Senhor, Deus meu, não és um estranho para quem não for esquivo contigo: Como dizem que Tu te ausentas?

49. Venceu verdadeiramente todas as coisas aquele a quem nem o gosto delas move ao gozo, nem a sua insipidez causa tristeza.

50. Se quiseres chegar ao santo recolhimento, não há de ser admitindo, mas negando.

51. Indo eu, Deus meu, para onde quer que seja contigo, por toda a parte será para mim como eu quero por ti.

52. Não poderá chegar à perfeição quem não procurar satisfazer-se com tão pouco que a concupiscência natural e espiritual estejam contentes mesmo sem nada; pois isto se requer para chegar à suma tranquilidade e paz de espírito. E desta maneira o amor de Deus na alma pura e simples está quase permanentemente em ato.

53. Considera que, sendo Deus inacessível, não deves reparar no que as tuas potências podem compreender nem teu sentido sentir, para que não te satisfaças com menos e a tua alma perca a leveza necessária para ir a Ele.

54. Como quem empurra um carro ladeira acima, assim caminha para Deus a alma que não afasta de si os cuidados nem apaga o apetite.

55. Não é da vontade de Deus que a alma se perturbe com coisa alguma nem que padeça angústias; porque se as padece nos casos adversos do mundo, é por fraqueza de sua virtude, pois que a alma perfeita goza com o que aflige a imperfeita.

56. O caminho da vida é de muito pouco bulício e negociação, e requer mais mortificação da vontade do que muito saber. O que tomar o mínimo das coisas e dos gostos, mais adiante andará.

57. Não penses que o agradar a Deus esteja tanto em trabalhar muito como em trabalhar com boa vontade, sem propriedade e respeitos humanos.

58. Ao entardecer desta vida examinar-te-ão no amor. Aprende a amar como Deus quer ser amado e deixa a tua condição.

59. Cuida de não te imiscuíres em coisas alheias, nem as recordes, porque talvez não possas tu cumprir a tua tarefa.

60. Não julgues que por não resplandecerem em alguém as virtudes que pensas, não seja ele precioso diante de Deus pelo que não pensas.

61. O homem não sabe gozar bem nem condoer-se bem, porque não entende a distância entre o bem e o mal.

62. Não te entristeças repentinamente com os casos adversos do século, pois não sabes o bem que consigo trazem, ordenado nos juízos de Deus para o gozo sempiterno dos eleitos.

63. Não te alegres nas prosperidades temporais, pois não sabes ao certo se te asseguram a vida eterna.

64. Na tribulação recorre logo a Deus confiantemente, e serás animado, esclarecido e ensinado.

65. Nos gozos e gostos recorre logo a Deus com temor e verdade, e não serás enganado nem envolvido em vaidade.

66. Toma a Deus por esposo e amigo com quem andes constantemente e não pecarás, e saberás amar, e as coisas necessárias sucederão prosperamente para ti.

67. Sem trabalho sujeitarás a ti as pessoas, e as coisas servir-te-ão, se te esqueceres delas e de ti mesmo.

68. Dá-te à tranquilidade, afastando de ti os cuidados e não te preocupando com o que acontece; servirás a Deus a seu gosto e nele gozarás.

69. Considera que Deus só reina numa alma pacífica e desinteressada.

70. Mesmo que faças muitas coisas, se não aprenderes a negar a tua vontade e a sujeitar-te, descuidado de ti e de tuas coisas, não adiantarás na perfeição.

71. Que te aproveita dar a Deus uma coisa se Ele te pede outra? Considera o que Deus quer e faze-o, que assim satisfarás melhor o teu coração do que com aquilo a que te inclinas.

72. Como te atreves a folgar tão sem temor, pois hás de comparecer diante de Deus e prestar conta da menor palavra e pensamento?

73. Considera que são muitos os chamados e poucos os escolhidos (Mt 22,14); e se de ti não cuidas, mais certa está a tua perdição que o teu remédio, mormente sendo tão estreita a senda que conduz à vida eterna (Mt 7,14).

74. Não te alegres totalmente, pois sabes quantos pecados tens cometido e não sabes como está Deus contigo; mas teme com confiança.

75. Se na hora da conta te hás de lamentar por não teres empregado este tempo no serviço de Deus, por que não o ordenas e empregas agora como o quererás tê-lo feito quando estiveres morrendo?

76. Se queres que em teu espírito nasça a devoção, e cresça o amor de Deus e o apetite das coisas divinas, limpa a alma de todo o apetite, apego e pretensão, de modo que nada te abale; porque assim como o enfermo, posto fora o que lhe é nocivo, sente logo o bem da saúde e lhe volta a vontade de comer, assim convalescerás em Deus se nisto te curares; não sendo assim, por muito que faças não aproveitarás.

77. Se desejas achar a paz e o consolo de tua alma e deveras servir a Deus, não te contentes com isso que deixaste, porque podes estar tão impedido ou mais do que antes naquilo em que de novo andas metido; mas deixa todas essas outras coisas que te restam e aplica-te a uma só que tudo traz consigo, que é a solidão santa, acompanhada da oração e da santa e divina leitura, e aí persevera no esquecimento de todas as coisas; e se te não incumbirem de alguma obrigação, agradarás mais a Deus sabendo-te guardar e aperfeiçoar a ti mesmo, que granjeando todas as coisas juntas. Pois que aproveita ao homem ganhar o mundo todo se perder a sua alma? (Mt 16,26).

[b] [Às carmelitas descalças de Beas] Pontos de Amor

78. Refreie muito a língua e o pensamento e traga continuamente o afeto em Deus; assim se lhe aquecerá o espírito divinamente.

79. Não apascente o espírito senão em Deus. Despreze as advertências das coisas e traga no coração a paz e o recolhimento.

80. Tenha sossego espiritual em amorosa atenção a Deus, e, se preciso for falar, que seja com o mesmo sossego e paz.

81. Tenha sempre na memória a vida eterna, e que serão os mais abatidos e pobres, os que em menos conta se têm, que gozarão do mais alto senhorio e glória em Deus.

82. Alegre-se sempre em Deus que é a sua saúde, considerando um bem sofrer, de qualquer maneira, por Aquele que é bom.

83. Considerem como é mister serem inimigas de si mesmas, caminhando pelo santo rigor à perfeição, e entendam que cada palavra dita fora da obediência é por Deus posta em conta.

84. Íntimo desejo de que Deus lhe dê aquilo que Sua Majestade sabe que lhe falta para honra sua.

85. Crucificada interior e exteriormente com Cristo, viverá nesta vida em fartura e satisfação de sua alma, possuindo-a na paciência (Lc 21,19).

86. Ponha amorosa atenção em Deus, sem desejo de querer sentir ou entender coisa particular a respeito dele.

87. Tenha habitual confiança em Deus, estimando em si e nas irmãs o que Deus mais estima, que são os bens espirituais.

88. Entre dentro de si e trabalhe na presença do Esposo, que está sempre presente e lhe quer bem.

89. Seja inimiga de admitir em sua alma coisas que em si não tenham substância espiritual, para que não lhe façam perder o gosto à devoção e ao recolhimento.

90. Que lhe baste Cristo crucificado! Com Ele sofra e descanse; mas para isso há de aniquilar-se em todas as coisas exteriores e interiores.

91. Procure sempre que as coisas nada lhe signifiquem, e não signifique nada para as coisas, mas, esquecida de tudo, more no recolhimento com o Esposo.

92. Ame muito o sacrifício e tenha-o em conta de pouco para cair em graça ao Esposo, que por sua causa não hesitou em morrer.

93. Tenha fortaleza no coração contra tudo que a mover ao que não é Deus e seja amiga da paixão de Cristo.

94. Traga interior desapego de todas as coisas e não ponha o gosto em qualquer temporalidade; assim recolherá a sua alma aos bens que não conhece.

95. A alma que caminha no amor não cansa nem se cansa.

96. Ao pobre que está despido vestir-se-á; à alma que se despe de seus apetites, quereres e não quereres, vesti-la-á Deus com a sua pureza, gosto e vontade.

97. Há almas que se revolvem no lodo como os animais, e outras voam como as aves que no ar se purificam e limpam.

98. Uma palavra disse o Pai, que foi seu Filho; e di-la sempre no eterno silêncio e em silêncio ela há de ser ouvida pela alma.

99. Devemos medir os trabalhos por nós e não nos medirmos pelos trabalhos.

100. Quem não busca a cruz de Cristo não busca a glória de Cristo.

101. Para enamorar-se Deus de uma alma, não olha a sua grandeza, mas a grandeza de sua humildade.

102. *Eu também me envergonharei de confessar diante de meu Pai, diz o Senhor, aquele que se envergonhar de confessar-me diante dos homens* (Mt 10,33).

103. O cabelo que se penteia amiúde estará desembaraçado, não havendo dificuldade em penteá-lo quantas vezes se pretender. A alma que amiúde examina seus pensamentos, palavras e ações – que são os seus cabelos – fazendo todas as coisas por amor de Deus, terá o seu cabelo bem alisado; e o Esposo – ao contemplar-lhe o colo – prender-se-á nele ferido em um de seus olhos, que é a pureza de intenção com que opera todas as coisas. Principiamos a pentear o cabelo no alto da cabeça, se o queremos desembaraçar; todas as nossas obras hão de começar no mais alto do amor de Deus, se as quisermos puras e claras.

104. O céu é firme e não está sujeito à geração; as almas que são de natureza celestial são firmes e não estão sujeitas a gerar apetites nem outra qualquer coisa, porque, à sua maneira, parecem-se com Deus; não são mutáveis para sempre.

105. Não comer em pastos proibidos que são os desta vida presente, *porque bem-aventurados os que têm fome e sede de justiça porque serão consolados* (Mt 5,6). O que Deus pretende é fazer-nos deuses por participação, sendo-o Ele por natureza, como o fogo que converte tudo em fogo.

106. Toda a bondade que temos é emprestada, Deus a tem por obra própria; Deus e a sua obra é Deus.

107. A sabedoria entra pelo amor, silêncio e mortificação. Grande sabedoria é saber calar e não reparar no que dizem ou fazem, nem nas vidas alheias.

108. Tudo para mim e nada para ti.

109. Tudo para ti e nada para mim.

110. Deixa-te ensinar, deixa-te mandar, deixa-te sujeitar e desprezar e serás perfeita.

111. Todo apetite causa na alma cinco danos: o primeiro, é que a inquieta; o segundo, que a perturba; o terceiro, que a suja; o quarto, que a enfraquece; o quinto, que a obscurece.

112. A perfeição não está nas virtudes que a alma conhece de si, mas consiste nas que Nosso Senhor vê na alma, e é como carga fechada; não tem, pois, a alma de que se orgulhar, mas antes estar prostrada por terra a respeito de si mesma.

113. O amor não consiste em sentir grandes coisas, mas em ter uma grande desnudez e em padecer pelo Amado.

114. O mundo inteiro não é digno de um só pensamento do homem, porque só a Deus ele é devido; assim qualquer pensamento posto fora de Deus é um roubo que se lhe faz.

115. Não se devem empregar totalmente as potências e os sentidos nas coisas, mas unicamente o que não se pode evitar, e o resto deve-se deixar livre para Deus.

116. Não reparar nas imperfeições alheias, guardar silêncio e tratar continuamente com Deus desenraízam grandes imperfeições da alma, tornando-a senhora de grandes virtudes.

117. Os sinais do recolhimento interior são três: o primeiro, se a alma não gosta das coisas transitórias; o segundo, se gosta da solidão e do silêncio e se é impelida a buscar tudo quanto é mais perfeito; o terceiro, se as coisas que costumavam ajudá-la – como as considerações, meditações e atos – a estorvam, não encontrando a alma outro apoio na oração senão a fé, a esperança e a caridade.

118. Se uma alma for mais paciente em sofrer e em tolerar melhor a carência de gostos é sinal de que tem aproveitado na virtude.

119. As condições do pássaro solitário são cinco: a primeira, voar em direção ao mais alto; a segunda, não tolerar companhia alguma, nem mesmo a da sua natureza; a terceira, voltar o bico para o ar; a quarta, não ter cor determinada; a quinta, cantar suavemente. Estas mesmas qualidades há de ter a alma contemplativa, elevando-se além das coisas transitórias, fazendo delas tanto caso como se não existissem; e sendo tão amiga da solidão e do silêncio que não tolere a companhia de outra criatura; e há de pôr o bico no ar do Espírito Santo, correspondendo às suas inspirações para que, agindo assim, se torne mais digna de sua companhia. Não há de ter cor determinada, pois não terá determinação em coisa alguma, senão no que for da vontade de Deus; e há de cantar suavemente na contemplação e no amor do seu Esposo.

120. Os hábitos de imperfeições voluntárias que não se chega a vencer, tais como o costume de falar muito, um pequeno apego não vencido a qualquer pessoa, vestido, cela ou livro, tal espécie de comida e outras coisas como conversas e gostinhos em querer saborear as coisas, em saber, em ouvir e outras semelhantes, não somente impedem a união divina, mas ainda o chegar à perfeição.

121. Se queres te gloriar e não queres parecer néscio e louco, aparta de ti o que não te pertence, e, no que te restar, poderás gloriar-te. Porém, é certo que – se apartares de ti tudo quanto não é teu – nada te sobrará; portanto, de nada te podes gloriar se não quiseres cair em vaidade. Mas desçamos, agora, especialmente aos dons daquelas graças que tornam os homens atraentes e agradáveis aos olhos de Deus; certamente que desses dons não te deves gloriar, pois não sabes se os tens.

122. Oh! Quão doce será para mim a tua presença, tu que és o sumo Bem! Chegar-me-ei a ti em silêncio e descobrir-te-ei os pés a fim de que tenhas por bem juntar-me contigo em matrimônio, e não descansarei até que goze em teus braços (Rt 3,4-9); e agora rogo-te, Senhor, que não me deixes no meu recolhimento em tempo algum, pois sou desperdiçadora da minha alma.

123. Desapegada do exterior, desapossada do interior, desapropriada das coisas de Deus, nem a prosperidade a detém nem a adversidade a impede.

124. O demônio teme a alma unida a Deus como ao próprio Deus.

125. O padecer mais puro traz e acarreta mais puro entender.

126. A alma desejosa de que Deus se lhe entregue totalmente, há de se entregar toda, sem reservar nada para si.

127. A alma que está na união de amor, nem mesmo os primeiros movimentos tem.

128. Os velhos amigos de Deus só excepcionalmente podem faltar a Deus, pois estão já acima de tudo quanto os pode fazer faltar.

129. Amado meu, todo o áspero e trabalhoso quero para mim, e, para ti, tudo quanto é suave e saboroso.

130. A maior necessidade que temos para progredir é calar, diante deste grande Deus, o apetite e a língua, pois a linguagem que Ele mais ouve é a do amor silente.

131. Caminhar na escuridão para procurar a Deus. A luz serve no exterior para não deixar cair; dá-se o contrário nas coisas de Deus, de modo que é melhor não ver; a alma tem assim mais segurança.

132. Mais se granjeia nos bens de Deus em uma hora, do que nos nossos em toda a vida.

133. Ama não seres conhecida nem de ti nem dos outros. Nunca olhes o bem nem o mal alheio.

134. Andar a sós com Deus; trabalhar, entretanto, em esconder os bens de Deus.

135. Andar a perder e querer que todos nos sobrepujem é de ânimos valorosos, de peitos generosos, de corações dadivosos; é condição deles antes dar do que receber, até chegarem à doação de si mesmos; porque têm por grande peso possuírem-se, preferem ser possuídos e afastarem-se de si mesmos, pois somos mais pertença daquele bem infinito do que nossa.

136. Grande mal é olhar mais para os bens de Deus do que para o próprio Deus; oração e desapego.

137. Veja aquele saber infinito e aquele segredo escondido! Que paz, que amor, que silêncio se alojam naquele peito divino! Que ciência tão elevada a que Deus ali ensina; é o que chamamos atos anagógicos que tanto incendeiam o coração!

138. O segredo da consciência muito perde e diminui todas as vezes que alguém manifesta aos homens os seus frutos, pois que assim recebe por galardão o fruto da fama transitória.

139. Fale pouco, e só se meta nas coisas em que for perguntado.

140. Procure trazer sempre Deus presente e conservar em si a pureza que Deus lhe ensina.

141. Não se justifique, nem se recuse a ser por todos corrigido; ouça de rosto sereno toda repreensão, pense que é Deus quem lha diz.

142. Viva neste mundo como se só com Deus vivesse, para que o coração não se detenha em coisa humana.

143. Tenha como misericórdia de Deus o dizerem-lhe por vezes alguma palavra boa, pois não merece nenhuma.

144. Não deixe extravasar o coração, ainda que seja pelo espaço de um Credo.

145. Nunca ouça as fraquezas alheias e se alguém se lhe queixar de outrem, poderá pedir humildemente que nada lhe diga.

146. Não se queixe de ninguém, não pergunte coisa alguma, e se for necessário perguntar, que seja com poucas palavras.

147. Não recuses o trabalho, mesmo que julgues não o poder fazer; que todos encontrem em ti compaixão.

148. Não contradiga e de modo algum profira palavras indecorosas.

149. Fale de maneira que ninguém se ofenda e sobre coisas que todos possam vir a saber.

150. Não recuse coisa alguma que tenha, mesmo que dela necessite.

151. Silencie sobre o que Deus lhe der; recorde-se do que disse à esposa: O meu segredo é para mim.

152. Procure conservar o coração em paz: que nenhum acontecimento o desassossegue, considere que tudo há de acabar.

153. Não te detenhas muito, nem pouco, em verificar quem te é contra ou a favor; procura sempre agradar ao teu Deus. Pede-lhe que faça em ti a sua vontade. Ama-o muito, pois que lhe deves isto.

154. Doze estrelas para chegar à suma perfeição: amor de Deus, amor do próximo, obediência, castidade, pobreza, assistência ao coro, penitência, humildade, mortificação, oração, silêncio, paz.

155. Nunca tomes um homem por exemplo no que tiveres a fazer, por santo que seja, porque o demônio porá diante de ti as suas imperfeições; mas imita a Cristo que é sumamente perfeito e sumamente santo e jamais errarás.

156. Procurai lendo e encontrareis meditando; chamai orando e abrir-vos-ão contemplando.

[c] [Copiados por Madalena do Espírito Santo, carmelita descalça de Beas]

"Em outras [ocasiões], para afervorar e ensinar o verdadeiro espírito e exercício das virtudes, fazia algumas perguntas às religiosas e comentava as respostas, de maneira que o tempo era bem empregado e elas eram instruídas à luz do céu. Eu procurava anotar alguns comentários para ter o prazer de

lê-los quando, por estar ele ausente, não os pudesse fazer de viva voz; mas tomaram-me as folhas sem que eu os transcrevesse. Só me deixaram o que aqui apresento".

157. Àquele que age por Deus com amor puro, não somente não se lhe dá que os homens o saibam, mas nem o faz para que o saiba o próprio Deus; e mesmo que Deus nunca o chegasse a saber, não cessaria de prestar os mesmos serviços e com a mesma alegria e amor.

Outro aviso para vencer os apetites

158. Ter constante desejo de imitar a Jesus Cristo em todas as obras, conformando-se com a sua vida, a qual deve considerar para saber imitá-la e comportar-se em todas as coisas como Ele se comportaria. Para poder fazer isto, é necessário renunciar a qualquer apetite ou gosto que não seja puramente

para honra e glória de Deus,
e ficar sem nada por amor
dele que nesta vida não teve
nem quis ter mais do que
fazer a vontade de seu Pai,
à qual chamava sua comida
e manjar.

159. Para mortificar as quatro paixões naturais que são: gozo, tristeza, temor e esperança, é útil o seguinte: Inclinar-se sempre não ao mais fácil, mas ao mais difícil; não ao mais saboroso, mas ao mais insípido; não ao mais gostoso, mas ao que não dá gosto; não se inclinar ao que é descanso, mas ao mais trabalhoso; não ao que é consolo, mas ao que não é consolo; não ao mais, mas ao menos; não ao mais alto e precioso, mas ao mais baixo e desprezado; não ao que é querer algo, mas ao que é não querer nada; não andar buscando o melhor das coisas, mas o pior; e por Jesus Cristo ter, para com todas as coisas do mundo, desnudez, vazio e pobreza.

Para a concupiscência

160. Procurar agir em desnudez e desejar que os outros o façam; procurar falar com desprezo próprio e desejar que todos o façam; procurar pensar baixamente de si mesmo e desejar que os outros o façam.

"O venerável Pai, entre várias coisas, escreveu certa feita um pensamento para proveito espiritual de cada uma das religiosas, e, se bem que os tenha copiado a todos, somente me deixaram os dois seguintes":

161. Tenha firmeza de coração contra todas as coisas que a moverem ao que não é Deus, e seja amiga de padecer por Cristo.

162. Prontidão na obediência, gozo no padecer, mortificar a vista, não querer saber nada, silêncio e esperança.

[d] [A Madalena do Espírito Santo – Beas]

163. Refreie muito a língua e o pensamento, seja constante no afeto a Deus, e o espírito aquecer-lhe-á divinamente. Leia isto muitas vezes.

[e] [Conservados pela Me. Maria de Jesus]

164. Erguer-se sobre si, não se apoiar sobre nada, em coisa alguma.

165. Estar voltada contra si, inquieta e nunca parada.

166. Fugir dos maus pensamentos que impedem a abertura às coirmãs.

167. Livre de todas as aflições, pensamentos e imagens.

168. Sussurra o suave canto com compunção e lágrimas.

[f] [Outros avisos]

169. Quanto mais te apartas das coisas terrenas, mais te aproximas das celestiais e mais te achas em Deus.

170. Quem a tudo souber morrer terá vida em tudo.

171. Aparta-te do mal, faze o bem e busca a paz.

172. Quem se queixa e murmura não é perfeito, nem mesmo bom cristão.

173. É humilde quem se esconde em seu próprio nada e sabe abandonar-se a Deus.

174. É manso quem sabe suportar o próximo e tolerar-se a si mesmo.

175. Se queres ser perfeito, vende a tua vontade e dá-a aos pobres de espírito e vem a Cristo pela mansidão e humildade e segue-o ao Calvário e ao sepulcro.

176. Quem confia em si mesmo é pior do que o demônio.

177. Quem não ama o próximo
a Deus aborrece.

178. Quem age com tibieza, perto
está da queda.

179. Quem foge da oração, foge de todo o bem.

180. Melhor é vencer-se na língua do que jejuar a pão e água.

181. É melhor padecer por Deus do que fazer milagres.

[g] [Algumas coleções de avisos perdidas]

"... Quando partia [de Beas] deixava... algumas sentenças a cada religiosa, e as que deixou a esta testemunha e as demais que pôde conseguir, conserva juntas e muito as valoriza para seu consolo" (Ana de Jesus: BMC, 14,176).

"... Tinha o dom do céu para consolar os aflitos e animá-los com suas palavras. Este mesmo efeito constatei nos argumentos e sentenças – alguns dos quais dele recebi –

e, no momento, sinto muita carência em ver-me sem eles porque, enquanto os conservei, os considerava, via e estimava como cartas de São Paulo; ajudavam-me muito nos casos que, eventualmente, se apresentavam" (Agostinha de São José: BMC, 14,41).

"E que teve graça para consolar, tanto com suas palavras como com seus bilhetes, os que com ele tratavam; dele esta testemunha recebeu alguns e igualmente algumas folhas com pensamentos santos, os quais a mesma gostaria muito de tê-las consigo agora" (Ana Maria, carmelita calçada: BMC, 14,302).

EDITORA VOZES LTDA.
Rua Frei Luís, 100 – Centro – Cep 25689-900 – Petrópolis, RJ
Tel.: (24) 2233-9000 – E-mail: vendas@vozes.com.br